孔子与儒家学派

◎ ◎ 主编 金开诚

◎ 编著 金东瑞

吉林出版集团有限责任公司

吉林文史出版社

图书在版编目（CIP）数据

孔子与儒家学派 / 金开诚著 . 一长春：吉林文史
出版社，2011.10（2022.1 重印）
　（中国文化知识读本）
　ISBN 978-7-5472-0871-7

Ⅰ . ①孔… Ⅱ . ①金… Ⅲ . ①孔丘（前 551～前 479）
－人物研究②儒家－研究 Ⅳ . ① B222.25

中国版本图书馆 CIP 数据核字（2011）第 209274 号

孔子与儒家学派

KONGZI YU RUJIA XUEPAI

主编/ 金开诚　编著/金东瑞

项目负责/崔博华　责任编辑/崔博华　王明智

责任校对/王明智　装帧设计/李岩冰　董晓丽

出版发行/吉林文史出版社　吉林出版集团有限责任公司

地址/长春市人民大街4646号　邮编/130021

电话/0431-86037503　传真/0431-86037589

印刷/三河市金兆印刷装订有限公司

版次/2011 年 10 月第 1 版　2022 年 1 月第 3 次印刷

开本/650mm×960mm　1/16

印张/9　字数/30千

书号/ ISBN 978-7-5472-0871-7

定价/34.80元

前　言

　　文化是一种社会现象，是人类物质文明和精神文明有机融合的产物；同时又是一种历史现象，是社会的历史沉积。当今世界，随着经济全球化进程的加快，人们也越来越重视本民族的文化。我们只有加强对本民族文化的继承和创新，才能更好地弘扬民族精神，增强民族凝聚力。历史经验告诉我们，任何一个民族要想屹立于世界民族之林，必须具有自尊、自信、自强的民族意识。文化是维系一个民族生存和发展的强大动力。一个民族的存在依赖文化，文化的解体就是一个民族的消亡。

　　随着我国综合国力的日益强大，广大民众对重塑民族自尊心和自豪感的愿望日益迫切。作为民族大家庭中的一员，将源远流长、博大精深的中国文化继承并传播给广大群众，特别是青年一代，是我们出版人义不容辞的责任。

　　本套丛书是由吉林文史出版社组织国内知名专家学者编写的一套旨在传播中华五千年优秀传统文化，提高全民文化修养的大型知识读本。该书在深入挖掘和整理中华优秀传统文化成果的同时，结合社会发展，注入了时代精神。书中优美生动的文字、简明通俗的语言、图文并茂的形式，把中国文化中的物态文化、制度文化、行为文化、精神文化等知识要点全面展示给读者。点点滴滴的文化知识仿佛颗颗繁星，组成了灿烂辉煌的中国文化的天穹。

　　希望本书能为弘扬中华五千年优秀传统文化、增强各民族团结、构建社会主义和谐社会尽一份绵薄之力，也坚信我们的中华民族一定能够早日实现伟大复兴！

目录

一、儒家的创始人——孔子 ⋯⋯⋯⋯⋯⋯⋯ 001

二、先秦儒家 ⋯⋯⋯⋯⋯⋯⋯⋯⋯⋯⋯⋯ 041

三、汉代儒家 ⋯⋯⋯⋯⋯⋯⋯⋯⋯⋯⋯⋯ 069

四、宋明儒家 ⋯⋯⋯⋯⋯⋯⋯⋯⋯⋯⋯⋯ 089

五、儒学近代以来的发展及展望 ⋯⋯⋯⋯ 127

一、儒家的创始人
——孔子

（一）孔子的生平

孔子（前551年—前479年），名丘，字仲尼，春秋时期鲁国人，是我国最伟大的思想家，世称"孔圣人"。据记载，孔子的祖先是殷商后裔，周灭商后，周武王封商纣王的庶兄——商朝忠正的名臣微子启于宋。微子启死后，其弟微仲即位，微仲即为孔子的先祖。自孔子的六世祖孔父嘉之后，后代子孙开始以孔为氏，其曾祖父

孔防叔为了逃避宋国内乱，从宋国逃到了鲁国，其父叔梁纥晚年与颜徵生下了孔子。有人说，孔子继承了父亲叔梁纥的英勇，身高九尺六寸、臂力过人，而且酒量超凡，绝非人们想象中的文弱书生形象，当然这些内容是没有明确史书记载的。

孔子3岁时，父亲就去世了，他与母亲过着清贫的生活。他说："吾少也贱，故多能鄙事。"(《论语·子罕》)他年轻的时候做过"委吏"(管理仓库的小官)与"乘田"(管理放牧牛羊的小官)。虽然生活清苦,但孔子心怀天下,立志向学。他注意虚心向别人学习,"三人行,必有我师焉。择其善者而从之,其不善者而改之"(《论语·述而》)。曾经向郯子、苌弘、师襄、老聃等人学习。又由于学识渊博,被当时人称赞为"博学好礼"。

孔子入仕是在鲁宣公时期,当时政权掌握在以季氏为首的三桓手中,而季氏又受制于其家臣阳货。鲁昭公初年,三桓变本加厉,又进一步瓜分了鲁君的权力。孔子谓季氏:"八佾舞于庭,是可忍也,孰不可忍也。"对季氏的僭越行为表示了强烈的愤慨。因不满这种"陪臣执国命"——政不在君而在大夫的状况,孔子辞官不仕,他说:"不义而富且贵,于我如浮云。"于是"退而修诗书礼乐,弟子弥众"(《史记·孔子世家》)。他开办私塾,

收徒讲学。从远方来求学的弟子，几乎遍及各诸侯国。

鲁定公九年，阳货被逐之后，孔子才再次入朝为官，并受到鲁君重用。51岁的孔子先被任命为中都宰，"行之一年，四方则之"。 齐鲁夹谷之会时，鲁国由孔子主持会盟的礼仪。孔子认为"有文事者必有武备，有武事者必有文备"，由于孔子早有防范，使齐国国君想用武力劫持鲁君的阴谋没有得逞。不仅如此，孔子还充分利用外交手段收回了被齐国强占的郓、灌、龟阴三地。由于政绩卓然，孔子由中都宰升为司空，再升为大司寇。鲁定公十二年，孔子为加强公室，抑制三桓，援引古制"家不藏甲，邑无百雉之城"，提出了"堕三都"的计划。由于孔子利用了三桓与其家臣的矛盾，季孙氏、叔孙氏同意各自毁掉了费邑与后邑，但孟孙氏被家臣公敛处父所煽动，反对堕成邑。定公围而不克，使孔子的计划受挫，孔子与三桓的矛盾也随之暴露。鲁定公十三年，齐国

送八十名美女到鲁国，君臣迷恋歌舞，多日不理朝政，也不按礼制送膰肉（当时郊祭用的供肉）给孔子，孔子失望，于是去鲁适卫，开始了十四年颠沛流离于诸侯列国之间的流亡生活。

孔子带弟子到卫国后，虽然受到灵公重视，却始终无法实现其抱负。此后孔子几次离开卫国，又几次回到卫国。在这期间，为后世所熟知的，莫过于孔子及众徒弟厄于陈蔡之间的故事。鲁哀公二年，

孔子离开卫国经曹、宋、郑至陈国，在陈国住了三年，吴攻陈，兵荒马乱，孔子便带弟子离开。楚国人听说孔子到了陈、蔡交界处，派人去迎接孔子。陈国、蔡国的大夫们担心孔子入楚后对他们不利，于是派服人将孔子师徒围困在中途，据《史记》记载：因楚昭王来聘孔子，陈、蔡大夫围孔子，致使绝粮七日。"在陈绝粮，从者病，莫能兴。子路愠见曰：'君子亦有穷乎？'子曰：'君子固穷，小人穷斯滥矣。'"（《论语·卫灵公》）此外，十四年的时间里，孔子在途中遇到当时的一些隐士，如长沮、桀溺、荷蓧丈人和楚狂接

舆等，并接连受到这些隐士的嘲讽。孔子说："鸟兽不可与同群，吾非斯人之徒而谁与？天下有道，丘不与易也。"（《论语·微子》）表示了为改变天下无道局面的决心。

鲁哀公十一年，冉有归鲁。齐师伐鲁之时，孔子弟子冉求为季氏将左师，与齐军战于鲁郊，克之。季康子问他是怎样学会作战的，冉求说，学于孔子，遂荐孔子于季氏。季康子派人以璧迎孔子归鲁。至此，孔子结束了访问列国诸侯十四年颠沛流离的生活。

归鲁之后,鲁哀公与季康子常以政事相询,但终不能重用孔子,孔子亦不求仕,专心从事文献整理和教育事业。他删《诗》《书》,定《礼》《乐》,修《春秋》,并继续聚徒授业,培育治国贤才,据史载:"弟子盖三千焉,身通六艺者七十有二人。"(《史记·孔子世家》)如颜回、曾点、子路、子贡等,便是其中的代表。这些才华出众的弟子,对儒家学派的形成与发展,对孔子思想的传播都起到了重要作用。

公元前479年，73岁的孔子寝疾而殁，葬于鲁城（今曲阜）北泗上。不少弟子为之守墓三年，并把孔子故居改为庙堂，藏孔子平生衣冠琴书于堂中，自此以后，年年奉祀。今日曲阜之孔庙、孔府、孔林，所谓"三孔"者，即始于此。

（二）孔子的主要思想

孔子是儒家学派的创始人，他系统地整理、继承和丰富了以往的历史遗产，创立了以"仁"为核心的思想体系。

（1）仁

仁的人生哲学思想是孔子整个思想体系的核心，也是儒家学说得以确立其主流文化地位的主要根据。在殷代和西周的甲骨文中，至今还未发现"仁"这个字，在《尚书》和《诗经》中也很少出现这个字。直到春秋时代才较多地被人提起，人们把尊亲敬长、爱及民众和忠于君主称为

"仁"。孔子继承了前人的观念，并且把它发展成为系统的"仁"说。

什么是孔子的"仁"？孔子在《论语》提到"仁"有一百余处，涵义甚广，但其基本涵义是"爱人"。他的弟子樊迟问孔子什么是仁，孔子问答说："爱人。"《说文》有个解释："仁，亲也，从二人。"甚合孔子思想。仁，就是人与人的关系，要友善相亲，相互帮助。在儒家思想中，不论后世如何发展"仁"的含义，都是紧紧围绕"爱人"作为出发点的。但是这里的"爱人"，又需要我们做认真的分析：

第一，虽然孔子从等级制的社会现实出发，提出了"泛爱众，而亲仁"，但是孔子提出的"爱"是有等差的，这一点与墨家提出的"兼爱"思想是相区分的。墨子说："视人之国，若视其国，视人之家，若视其家，视人之身，若视其身。"孔子"爱人"的思想符合当时封建社会的实际需要，所以更容易在社会习俗和风尚中遗留

下来。

第二，在答复弟子颜渊时，孔子说："克己复礼为仁。"（《论语·颜渊》）孔子认为爱人要从大处、高处着眼，推己及人，做到"己欲立而立人，己欲达而达人"。　这里强调的是人们通过克制自己，达到"非礼勿视，非礼勿听，非礼勿言，非礼勿动"。视、听、言、动都合于礼，这也就是仁的境界。

（2）礼

孔子推崇周礼。据学者研究表明，西周社会建立后，周公将从远古到殷商的原始礼仪进行了大规模的整理和规范，形成了"吉"、"凶"、"军"、"宾"、"嘉"五礼，也就是较完备的周礼。孔子提出："夏吾能言之，杞不足征也；殷礼吾能言之，宋不足征也。文献不足故也，足，则吾能征之。""周监于二代，郁郁乎文哉！吾从周。"这表明，孔子对周礼的推崇是经过了对历代礼制考察之后作出的判断。

值得一提的是，孔子并非完完全全地拥护旧的制度，而是对周礼进行了"拿来主义"式的继承和发扬。

孔子对"礼"的思想主要体现在以下方面：

第一，"礼"是社会秩序。《左传·隐公十一年》载："礼，务国家、定社稷，序人民，利后嗣者也。"这是说，礼是治理和安定国家，巩固国家的制度和维护社会所需要的秩序。孔子又说礼是"王之大经也"(《左传·昭公十五年》),是进行统治的根本法规,治国之纲。因此,"坏国丧家亡人必失去其礼"(《礼记·礼运》)。丢掉了礼,就要失去一切。可见孔子这里说的"礼"实际是社会秩序和社会制度。

第二,"礼"是礼仪上的规定。具体来讲,就是有关朝廷的祭祀、出征、朝聘,以至婚丧嫁娶,待人接物到生活细节,按不同等级、身份,都有不同的礼

仪规定，实际是"社会秩序和社会制度"的具体形式。孔子回答弟子樊迟时主张："务民之义，敬鬼神而远之，可谓知矣。"（《论语·雍也》）子路问事鬼神的问题，孔子明确表明："未能事人，焉能事鬼？"指的就是这些内容，从中我们又可以看到孔子思想重人事而轻鬼神，改变了以往周礼特别重视祭祀鬼神的传统。

第三，"礼"是人的道德标准。孔子提倡"道之以教，齐之以刑，民免而无耻，道之以德，齐之以礼，有耻且格。"（《论语·为政》）这正是"礼下庶人"身上的政治主张，告诫人们把礼作为德行的最高标准，改变了周礼"礼不下庶人"的规定。

第四，"礼"以"仁"为实质。孔子以实际行动开办私学，广招门徒，实行"有教无类"，改变了周礼"学在官府"，只有贵族子弟能够接受教育的局面，打开了向民间传播文化之门。孔子主张用"仁"的

精神改造人的思想，规范人们的行为，作为一种反映社会成员之间，阶级、组织之间的关系准则，礼一旦确立下来，就要求全体社会成员必须遵守，修己的同时治人，完善人伦道德，实现社会的安定良好秩序。

孔子的"仁"说，体现了人道精神；孔子的"礼"说，则体现了礼制精神，即现代意义上的秩序和制度。仁与礼并不矛

盾，因为仁是内容，礼是形式，二者的结合，才是一种制度的完善。孔子主张礼仁结合，纳仁于礼，用仁来充实礼，实质上是注重了人道与政治的结合，从而对周礼作了重大的修整完善。

（3）德治

同孔子的"仁"和"礼"相联系，在治国的方略上，他主张"为政以德"，用道德和礼教来治理国家是最高尚的治国之道。这种治国方略也叫"德治"或"礼治"。

　　第一，孔子重视以"礼"教化，提出
"为政以德，譬如北辰，居其所而众星
共之。"（《论语·为政》）在德政的施行
过程中，孔子推崇用道德和"礼"去教化
和约束人们的言行。落实在政治上就是
要做到"君君，臣臣，父父，子子"，在君
臣关系上要以礼相待，"君事臣以礼，臣
事君以忠"。而在其他关系上则遵守"非
礼勿视，非礼勿听，非礼勿言，非礼勿
动"。

　　第二，孔子反对滥用刑罚。
在夏朝和商朝，统治者制
定了大量的刑罚维护其统治

秩序，其中大多数刑法比较残酷，剥夺生命的刑罚也多种多样，周初的统治者汲取殷商灭亡的教训，提倡"明德慎刑"，孔子也反对滥用残酷的刑罚解决社会问题。季康子问政于孔子曰："如杀无道，以就有道，何如？"子曰："子为政，焉用杀？子欲善而民善矣。君子之德风，小人之德草，草上之风，必偃。"体现了孔子重礼轻罚的思想。

第三，孔子对执政者提出正己、正名的要求。孔子提出"正名"是君主实现德政的首要前提。当季康子问政于孔子，孔子对曰："政者，正也。子帅以正，孰敢不正。"（《论语·颜渊》）又说："其身正，不令而行；其身不正，虽令不从。"（《论语·子路》）又说："苟正其身矣，于从政乎何有？不能正其身，如正人何？"（《论语·子路》）子路问："为君待子而为政，子将奚先？"孔子曰："必也正名乎！""名不正，则言不顺，言不顺，则事不成；事不成，则礼乐不兴，礼乐不兴，则刑罚不中，刑罚不中，则民无所措手。"

对周武王作了评价说："武王正其身以正其国，正其国以正天下，伐无道，刑有道，一动而天下正，其事正矣！"可见正名之重要。

第四，与孔子的德治思想相联系，他认为国君要治平天下，就必须举贤任能，发现和提拔优秀人才，参与政事。关于贤才的标准，孔子认为应该是："志于道，据于德，依于仁，游于艺。"（《论语·述而》）就是要有政治理想和奋斗目标，要依据仁的精神和拥有高尚的品德，还要能善于娴熟地运用业务知识和技能。简言之，贤才就是要有理想、有道德、有知识和治国才能。简单来讲，就是孔子根据"德"与"才"的关系而讲明的"德才兼备"，是人才的重要标准。

孔子认为要治理好一个国家，执政者必须正己、正名，举荐任用德才兼备的人才治理国家，必须在满足百姓生活富裕的基础上加强教化，慎用刑罚惩戒百姓的过失，实质上也体现了"仁"的精神内涵所在。

(4)中庸

中庸如今已经成为一个人们常用，但是又经常曲解的词语。说它被曲解是因为经常被理解为做"和事佬"的心态，什么事情都是"好好好"的状态，实际上孔子曾说："乡愿，德之贼也。"(《论语·阳货》)孔子说："中庸之为德也，其至矣乎! 民鲜久矣。"(《论语·雍也》)这

里说了两层意思，一是中庸之德古时已经
存在，只是已经鲜有人能做好；更为重要
的一点，这句话说明了中庸在孔子的学说
中是至德的地位，是孔子哲学的基础和
最高的道德准则。具体来讲，可以从以下
几个方面来理解：

第一，中庸意即谨守礼制，不偏不
倚，不激不随，恰当适中。"不偏之谓中，
不易之谓道。中者，天下之正道。庸者，天
下之定理。"（《礼记·中庸》）"中"是不
偏不倚，中正，无过不及。庸不易谓之庸，

不偏离正常。子贡问师商两人，孔子说："师也过，商也不及。"子贡又问，师比商是否更好一点，孔子答："过犹不及。"（《论语·先进》）"过"与"不及"是事物极端的表现，必须通过"中庸"来维持事物的平衡，在政治行为上更要避免"过"与"不及"。

第二，处理事情要把握好分寸，凡事尽心竭力，但不做强求。如孔子主张进谏，但认为不必强谏，谏而不听，臣应适可而止或退以洁身。他说："所谓大臣者，以道事君，不可在止。"（《论语·先进》）"邦有道则仕，邦无道则可卷而怀之。"（《论语·卫灵公》）"用之则行，舍之则藏。"（《论语·述而》）这里要说明的是，并非在处事过程中遇难而缩，如对待朋友上，孔子提出："忠告善道之，不可则止，毋自辱焉。"（《论语·颜渊》）其中"忠告而善导之"实际上体现了多次规劝和劝导之意，实在不能起到作用的时候才

"止"，以不自取其辱。

孔子在强调个人修养方面也特别注重行中庸之道。子曰："喜怒哀乐之未发，谓之中；发而皆中节，谓之和。中也者，天下之大本也；和也者，天下之达道也。致中和，天地位焉，万物育焉。"人都有喜怒哀乐的情绪，当这些情绪未发泄时，我们的情绪就处于心平气静，中庸平稳：但有时因发生了异常的变故，人就会有情绪的变化和波动，只要是适当、有节制，不过度与激烈的发泄，就是温和平和。这意思是说，人与人相处，行中庸，遇事心平气和，包容共济，相互谦让，文明处世，礼貌待人，人们就会减少摩擦与争斗，化解社会矛盾，实现人们的和谐相处。

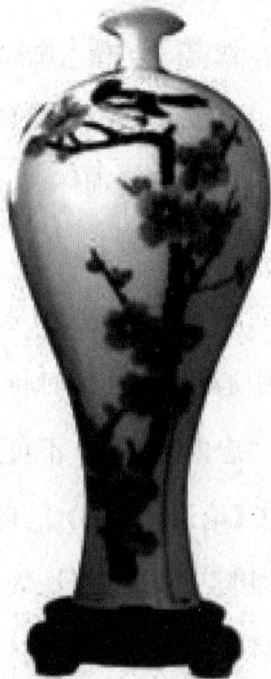

孔子以"射"来作比喻，说明"中庸"，认为"射"的"中"与"不中"的关键在自己主观方面，必须"反求诸其身"（《礼记·中庸》），己心正则己身正，己

身正在则矢无不正，射无不中。正己好比仁，射中好比礼，仁是内在修养，礼是外在标准，仁是前提，礼是目的，二者之联结，便是中庸之道。《礼记•仲尼燕居》载：子曰："礼乎礼，夫礼所以治中也。"这里谈"中"，谈怎样才能"中"，实际上已经糅进了"仁"的观念。换句话说，"中庸"应是一种内在的修养，应成为君子的自觉追求，而内心的"中庸"就是仁。

(5) 教育思想

谈到孔子的教育思想，我们首先想到的往往是"学而时习之"、"温故而知新"这些脍炙人口的名言，实际上这些只是孔子教育思想海洋中的点滴。如前文提到，孔子之前，教育与学术由官府垄断。孔子创办私学，打破了学在官府的垄断；不分贵贱、广收门徒，提出"有教无类"的原则，打破了只有贵族子弟能接受教育的旧传统，在中国教育史上具有划时代的意义。孔子在长期的教育实践中积累了大量丰富有效的经验和做法，现在我们一并来加以分析。

第一，教育目标。孔子的教学目标是培养君子或曰君子儒。即具备"仁"、"德"思想，"修己以安人"、"修己以安百姓"（《论语·宪问》），可以做到"穷则独善其身，达则兼济天下"（《论语·微子》），甚至"修身，齐家，治国，平天下"（《论语·微子》）的人才。

第二，教育内容。《史记》载："孔子以诗书礼乐教。"（《史记·孔子世家》）又有："子以四教：文、行、忠、信。"（《论语·述而》其中"诗"、"书"主于"文"，是立言的根本，"礼"、"乐"主于"行"，是立身行事乃至"成人"的根本，所谓"兴于诗，立于礼，成于乐。"（《论语·泰伯》）孔子教育他的儿子孔鲤也要学诗、学礼，否则无以立言、立行（见《论语·季

氏》）。这是从"独善其身"的自我修养方面说的。儒者在确立这一点后，还强调要"兼济天下"，这见诸孔子教育的另一方面的主要内容，即"政事"。政事是以自我修养为基础的，只有"修己"以后，才能进一步"修己以安人"、"修己以安百姓"（见《论语·宪问》）。只有在完成自我修养的基础上，才可以从事政事，以"兼济天下"，否则害人害己。

第三，教育方法。孔子所采用的教育方法，主要是"因材施教"。论语中有这样一个故事：子路与冉有向孔子请教同一个问题，听说了一件事，要不要马上去做？孔子对子路说不可，对冉有却说可以去做。孔子的另一个学生公西华对此发生疑问，孔子解释说："冉有退缩，故鼓励其进取；子路则勇于进取，故使之知有所退缩。"（《论语·先进》）这个故事就是比较典型的因材施教的例子。孔子的学生之所以各有所长，也正是他因材施教的结果：以"德行"著称的有颜渊、闵子骞、冉伯牛、仲弓，以"言语"著称的有宰我、子贡，以"政事"著称的有冉有、季路，以"文学"著称的有子游、子夏（见《论语·先进》）。这些学生可以说是孔门中比较著名的几位，才能各有特点，应是得益于孔子的"因材施教"。但孔子最重视的还是他们的"德行"，如宰我虽以"言语"闻名，但孔子斥之为"不仁"，原因是他不行三年之丧而自觉心安理得。子夏以"文学"见长，孔子责之以"汝为君子儒，无为小人儒"（《论语·雍也》）。仲弓长于德行，但讷于言而敏于行，时人评价其只知"仁"而不知"佞"之机变，孔子则称赞仲弓，虽然不一定称得上"仁"，但"佞"却是绝不会去作的。（见《论语·公冶长》）此外，孔子注意到启发式教育的作用，他说："不愤不启，不悱不发，举一隅不以三隅反，亦不复也。"（《论语·述而》）

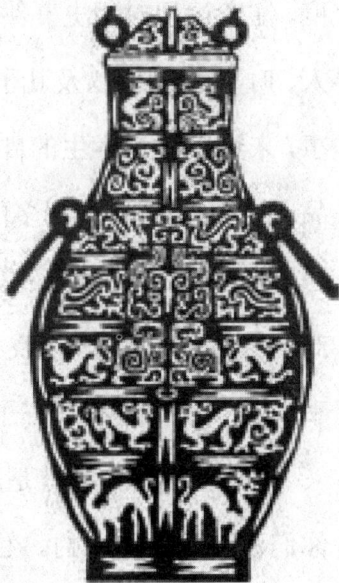

第四，胸怀天下，以身作则的教学态度。注意运用对历史事件、历史人物、时人、时事的评价以及孔子自己的立身行事，来达到教育学生的目的。对人、事的品评在《论语》中有很多的篇章，不再赘述。至于孔子的立身行事，孔子本人这样对学生说："二三子，以我为隐乎？吾无隐乎尔，吾无行而不与二三子者，是丘也。"（《论语·述而》）这就是说我之行事，对你们没有什么隐瞒的。在厄于陈蔡之间时，"子路愠见曰：'君子亦有穷乎？'子曰：'君子固穷，小人穷斯滥矣。'"（《论语·卫灵公》）孔子之行事，《论语》中也多有记载，有学生引以为荣的，也有使学生发生质疑甚至于为学生所诟病的，但这种无所隐瞒的坦荡胸怀亦体现了为人师表的心胸。与此同时，孔子要求弟子们端正实事求是的学习态度，"知之为知之，不知为不知，是知也"。当仁不让于师，要求弟子学以成才，学以致用。

总之，孔子在其丰富的教学实践的

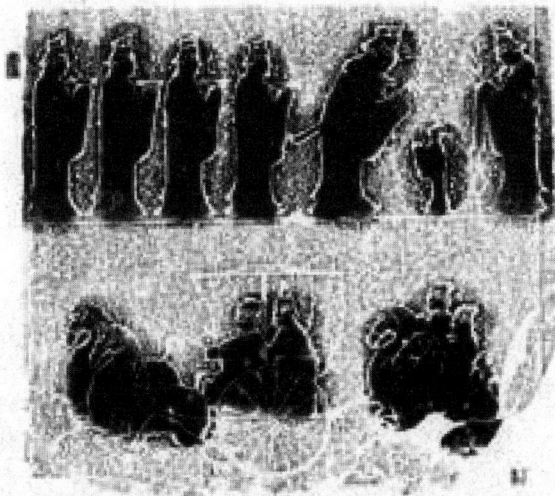

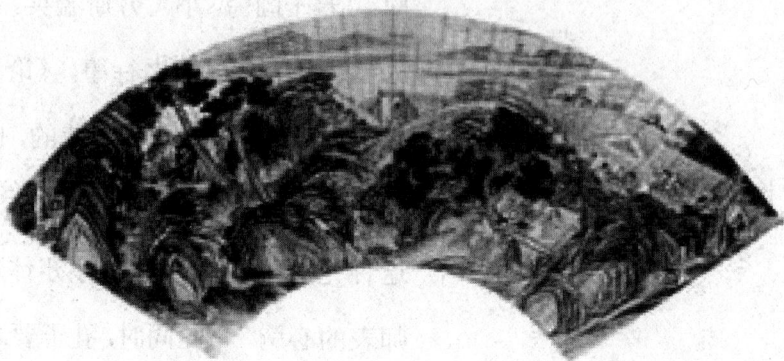

基础上，提出了一套完整的教育理论和教学方法。教育目标是培养君子仁人，教育原则是"有教无类"，教学方法是因材施教，采用"循循然善诱"的启发式教育，重视德育，智仁勇并举而以仁为中心，提倡教师以身作则，师生教学相长的教育体系。孔子的思想博大精深，孔子及其创立的儒学思想体系成为其后儒家学者取之不尽用之不竭的思想源泉，在中国古代思想文化发展史上占有显赫而居中制衡、不可取代的历史地位，并在中国历史上发挥了巨大、持久、广泛的影响。

（三）孔子在中国文化史
上的地位

只要谈到中国的文化史，无法回避也不可能回避的就是孔子。历史上没有任何一个人物能像孔子一样与中国封建社会的文化历史如此休戚相关，以至于有学者认为"孔子简直成了中华民族传统文化的象征"（任继愈主编《中国哲学发展史》先秦卷）。作为中国文化的巨擘，世界文化的名人，孔子大概也是西方人了解最多和最为熟悉的中国古代伟大的思想家。他曾多次入选"世界十大文化名人"之列，在世界的影响也是十分深远的。

早在汉代，著名的历史学家司马迁就满怀敬慕之情地写道："适鲁，观仲尼庙堂车服礼器，诸生以时习礼其家，余祗回留之不能去云。天下君主至于贤人众矣，当时则荣，没则已焉。孔子布衣，传

十余世，学者宗之。自天子王侯，中国言六艺者折中于夫子，可谓至圣矣！"（《史记·孔子世家》）

这里对于孔子对中国文化发展史的贡献，给予了极高的评价。在孔子的故里曲阜，元代统治者为孔子立的神道碑也说："先孔子而圣者，非孔子无以明，后孔子而圣者，非孔子无以法。"可见孔子为封建制度立言立法所起到的承先启后的伟大的历史作用，是孔子的名字与思想得以与封建制度共存的原因。对于孔子在中国文化史上的地位，自近代以来，有不少学者认为是历代帝王对于孔子的提倡所致。唐君毅还曾说过这样一段话："孔子在中国历史文化的地位之形成，初亦不由于帝王或政治上居高位者的提倡，却是主要赖于孔子之弟子后学，及后来各时代在不同的学术文化领域中兴起的突出人物之尊崇。而这些人物之兴起，则经常是当其个人居贫贱之位，在困厄忧患之中，或整个民族生命，文化生命遭遇艰难挫折，人心危疑震撼之时，由对孔子之教，有种种不同的体悟，而自动兴起，求对孔子之学与教，上有所承，下有所启……"（《中国哲学原论·原教篇》）

二、先秦儒家

（一）孟氏之儒

1.学派简述

学术界一般认为，"孟氏之儒"是以孟子为代表的。孟子是战国中期儒家的主要代表人物，他发展了孔子的"仁学"思想，提出了"人性本善"的理论，以及施行"仁政"、"王道"的政治理想和"民贵君轻"的民本思想等。孟子曾自云："予未得为孔子徒也，子私淑诸人也。"（《孟子·离娄下》）司马迁在《史记·孟子荀卿列传》中则谓其"受业于子思门人"。荀子在《非十二子》中说"子思唱之，孟轲和之"，则"孟氏之儒"又当与"子思之儒"为一系。

2.孟子及其主要思想

孟子（前372年—前289年），名轲，字子舆。战国时期鲁国人，中国古代著名思想家、教育家。孟子继承并发扬了孔子的思想，成为仅次于孔子的一代儒家宗

师，有"亚圣"之称。现有《孟子》一书传世，成为儒家经典。

孟子远祖是鲁国贵族孟孙氏，后来家道衰微，迁至邹城。据记载，孟子三岁时父亲逝世，只与母亲相依为命。在孟子小的时候，母亲为了给他一个好的学习环境，曾三次搬家，后人称之为"孟母三迁"。开始，他们住在墓地旁边，孟母看到孟子和邻居玩伴一起学着大人跪拜、哭嚎，觉得对孩子不利，就带着孟子搬到市集旁边居住，孟子又和邻居玩伴学起商人做生意的样子，一会儿鞠躬欢迎客人、一会儿招待客人、一会儿和客人讨价还价，孟母又带着他搬到了学宫附近，孟子开始变得守秩序、懂礼貌、喜欢读书。孟母教子甚严，其"迁地教子"、"三断机杼"，成为千古美谈，《三字经》里有"昔孟母，择邻处"之说。孟子在母亲严格、有效地管教之下，勤奋读书，并立志成材，终于有了后来伟大的成就。

孟子长大后，被孔子的儒家思想所吸引，于是决定离开邹城到孔子所在的陬邑学习，师承子思（一说是师承子思的学生）。孟子继承和发展了孔子的思想，提出一套完整的思想体系，终于名扬天下。邹国和鲁国国君也时常向他请教治国之道。可惜邹、鲁这样的小国，很难实现孟子"仁政"的抱负。孟子周游齐、晋、宋、薛、鲁、滕、梁列国，游说他的"仁政"和"王道"思想。但由于当时诸侯各国忙于战争，他的仁政学说被认为是"迁

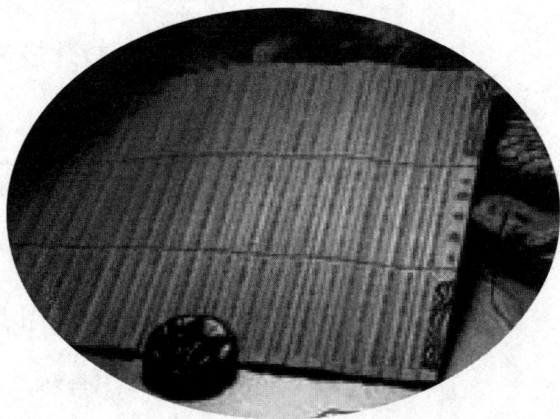

远而阔于事情",几乎没有人采纳他的治国思想。于是孟子归而与弟子讲学著书，作《孟子》七篇。孟子长于辩论，气势恢宏，时值"百家争鸣"的时代，"杨朱、墨翟之言盈天下"，孟子站在儒家立场加以激烈抨击。孟子维护并发展了儒家思想，提出了"仁政"学说和"性善"论观点，坚持以"人"为本。

孟子的地位在宋代以前并不很高。自韩愈的《原道》将孟子列为先秦儒家中唯一继承孔子"道统"的人物开始，出现了一个孟子的"升格运动"，孟子的地位才逐渐提升。北宋神宗熙宁四年,《孟子》一书首次被列为科举考试必考科目之一,之后《孟子》一书升格为儒家经典。南宋朱熹将其与《论语》、《大学》、《中庸》合称为"四书"。元朝至顺元年,孟子被加封为"亚圣公",以后就称为"亚圣",地位仅次于孔子。其思想对后世影响巨大,与孔子思想合称为"孔孟之道"。

（1）性善论

孟子的主要哲学思想，是他的性善论。"性善论"是孟子谈人生和谈政治的理论根据，在他的思想体系中是一个中心环节。《孟子·公孙丑上》："人皆有不忍人之心。先王有不忍人之心，斯有不忍人之政矣。以不忍人之心，行不忍人之政，治天下可运之掌上。所以谓人皆有不忍人之心者，今人乍见孺子将入于井，皆有怵惕恻隐之心。非所以内交于孺子之父母也，非所以要誉于乡党朋友也，非恶其声而然也。"《孟子·尽心上》："人之所不学而能者，其良能也；所不虑而知者，其良知也。孩提之童无不知爱其亲者，及其长也，无不知敬其兄也。"孟子从这种"不忍人之心"与先天的"不学而能"论证了人善的"本心"，从而确立了性善论。

由本心论本性，由不忍人之心得出"四端"说，即人之有"仁义礼智"四德。

"恻隐之心，人皆有之；羞恶之心，人皆有之；恭敬之心，人皆有之；是非之心，人皆有之。恻隐之心，仁也；羞恶之心，义也；恭敬之心，是非之心，智也。仁、义、礼、智，非由外铄我也，我固有之也。"（《孟子·告子上》）他认为"仁、义、礼、智"是人们与生俱来的东西，即将善这种本性看做生而有之的，不是从客观存在着的外部世界所取得的。

"性善论"是一套唯心主义的说法，不过，孟子以"性善论"为人们修养品德和行王道仁政的理论根据。他认为，仁、义、礼、智四者之中，仁、义最为重要；仁、义的基础是孝、悌，而孝、悌是处理父子和兄弟血缘关系的基本的道德规范；他认为如果每个社会成员都用仁义来处理人与人的各种关系，封建秩序的稳定和天下的统一就有了可靠保证，这对于古代君主修德政具有一定程度的积极意义。

（2）民贵君轻

"民贵君轻"是孟子提出的社会政治思想，是他关于仁政学说的核心，孟子曰："民为贵，社稷次之，君为轻。是故得乎丘民而为天子，得乎天子为诸侯，得乎诸侯为大夫。诸侯危社稷，则变置。"（《孟子·尽心下》）他鲜明地提出了关于民众、国家、君王之间关系的主张，成为我国民本主义思想中最具代表性的观点。孟子十分重视民心的向背，认为如何对待人民这一问题，对于国家的治乱兴

亡具有极端的重要性，他通过大量历史事例反复阐述这是关乎得天下与失天下的关键问题。

养民第一，制民之产。"不违农时，谷不可胜食也；数罟不入洿池，鱼鳖不可胜食也；斧斤以时入山林，材木不可胜用也。谷与鱼鳖不可胜食，林木不可胜用，是使民养生丧死无憾也。养生丧死无憾，王道之始也。五亩之宅，树之以桑，五十者可以衣帛矣。鸡豚狗彘之畜，无失其时，七十者可以食肉矣。百亩之田，勿夺其时，数口之家可以无饥矣。谨庠序之教，申之以孝悌之义，颁白者不负戴于道路矣。七十者衣帛食肉，黎民不饥不寒，然而不王者，未之有也。"（《孟子·梁惠王上》）强调养民畜民的重要性，且在教化之先。"今也制民之产，仰不足以事父母，俯不足以畜妻子，乐岁终身苦，凶年不免于死亡。此唯救死而恐不赡，奚暇治礼义哉？"（《孟子·梁惠王上》）

孟子在当时激烈的社会政治经济环境当中，看到了民心的向背对于国家政权的安稳的决定性意义，所以他特别强调"得其民斯得天下"（《孟子·离娄上》）。孟子认为对于失掉民心的天子、诸侯可以"变置"，关注的不是君王的威严，而是民众的意志；不是统治者的权益，而是民众的命运。这在政治上突出了统治者实行"仁政"的必要性，在道义上肯定了民众反抗、推翻暴君的正义性，在当时是一个了不起的进步。尽管在长达两

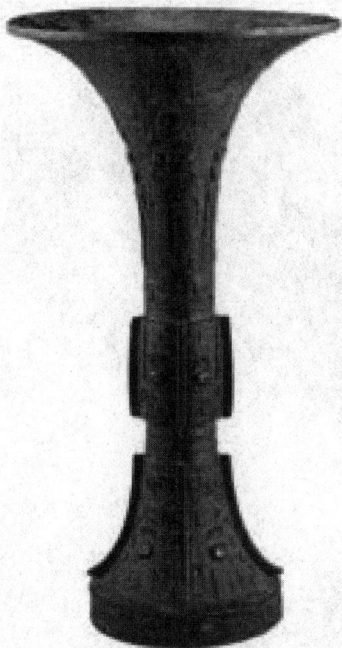

千多年的封建社会中，"民贵君轻"的思想不可能得到真正意义上的贯彻，但是孟子的"性善论"为仁政的实现提供了理论依据，在一定程度上对统治者起了制约作用。

（3）仁政学说

《孟子》一书总共不过三万五千字，但光"仁"字就出现了150次，可见孟子对"仁"的重视程度。针对春秋战国时代连年战争、生民涂炭的现实，孟子继承并

发展了孔子的仁学思想，还从中阐发出了"仁政"理论，使之成为代表的一整套社会政治主张，对两千年来中国封建社会的历史产生了异乎寻常的影响。仁政学说是孟子政治思想的核心和主要特征，推而广之甚至可以说是整个儒家政治思想的标志。

按照思想自身发展的逻辑，从纵的方面来说，孟子的政治思想是对孔子"为政以德"思想的继承与发展；从横的方面来说，孟子的政治思想是从他的性善论发展而来，人都有不忍人之心，实行于政治方面，就是不忍人之政，亦即仁政。孟子的仁政思想比孔子的德政有更多具体的内容，包括经济、政治、教育以及统一天下的途径等，其中贯穿着一条民本思想的线索。仁政的核心是政治方面的重民，如前文所提，孟子提出了"民为贵，社稷次之，君为轻"（《孟子·尽心下》）的伟大思想。经济方面，孟子认为仁政的基础是"养民"，方式是制民之产，孟子强调保护小农经济，以此来维持和改善老百姓的生计，从而奠定政权稳定的基础。孟子把伦理和政治紧密结合起来，强调道德修养是搞好政治的根本。他说："天下之本在国，国之本在家，家之本在身。"后来《大学》提出的"修齐治平"就是根据孟子的这种思想发展而来的。刑法方面，孟子针对当时刑罚严苛的局面，提出省刑罚的主张；特别值得一提的是，孟子反对株连，提出"罪人不孥"，这一主张贯彻了儒家的仁爱思想，具有进

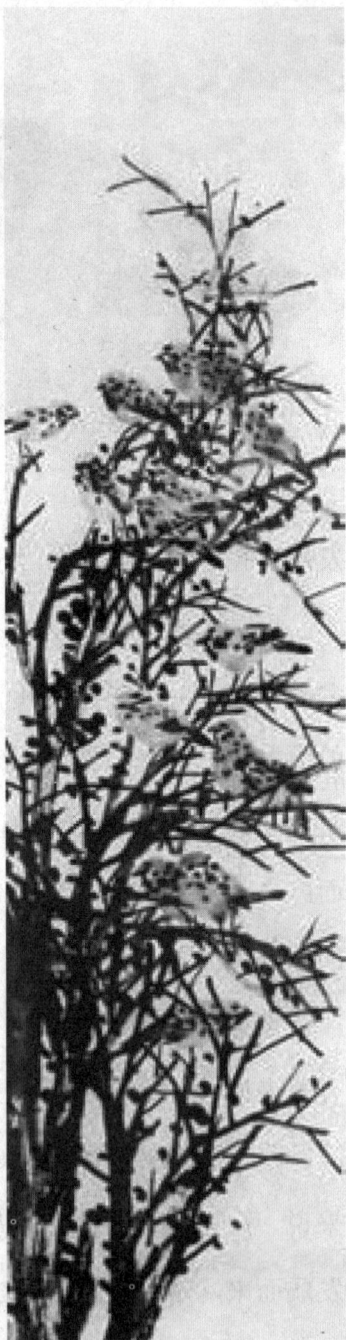

步性，对中国历史和民族文化性格的形成具有重大影响。

孟子认为，这是一种最理想的政治，如果统治者实行仁政，可以得到人民的衷心拥护；反之，如果不顾人民死活，推行暴政，将会失去民心而变成独夫民贼，被人民推翻。孟子仁政的政治思想，关注了人民生存的权利。孟子的仁政继承与发展了孔子关于仁的思想，是中国古代思想发展史上的一座丰碑。

（二）孙氏之儒

1.学派简述

学术界一般认为"孙氏之儒"就是以荀子为代表的一派。荀子是战国晚期儒家的主要代表人物，他继承了孔子的治学传统，是儒家经学的主要传播者之一；在政治思想上发展了孔子的"礼学"，倡言礼法兼治；哲学上主张"天人相分"、"制天命而用之"；认为"人之性恶，其善者伪也"，强调后天学习的重要性。孙氏之儒中除那些传承荀子经学的弟子之外，有名者是韩非和李斯，但他们两人已经突破了其老师荀子的儒家学派的界限，而成为法家的代表人物。

2.荀子及其主要思想

荀子（前313—前238年）名况，字卿，因避西汉宣帝刘询讳，因"荀"与"孙"二字古音相通，故又称孙卿，战国末期赵国人，儒家代表人物之一。荀子一生在各国游历，晚年从事教学和著述，对重整儒家典籍也有相当的贡献。

据说，荀子20岁时，就已在燕国从事政治，后适齐。公元前285年，齐闵王灭掉了宋国，夸耀武功，不尚德治，荀子曾进行诤谏，但未被采纳，于是他就离齐赴楚。次年，燕将乐毅率燕、赵、韩、魏、秦王国之师攻齐，陷齐都临淄，齐国几至灭亡。后齐将田单乘燕惠王用骑劫代乐毅为将之机，向燕军发起反攻，一举收复

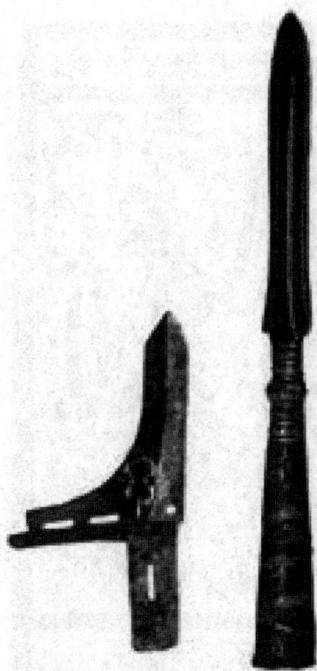

失地，"迎襄王于莒，入于临淄"。齐襄王复国后，吸取先王的教训，又招集亡散的学士，重整稷下学宫，"修列大夫之缺"。这时，荀子在楚国，正逢秦将白起攻楚，陷郢烧夷陵，举国大乱，楚人仓皇迁都于陈。荀子在战乱中离楚来齐，参加稷下学宫的恢复重建工作。荀子凭借他的学识和才德，在复办的稷下学宫中"最为老师"、"三为祭酒"，成为稷下学宫当之无愧的领袖。

公元前264年，齐襄王死，荀子在齐更不得志，秦国于此时聘请他入秦，荀子遂离齐赴秦，对秦国的政治、军事、民情风俗以及自然地形等都进行了考察。他建议秦昭王重用儒士，"力术止、义术行"。秦昭王虽然口头称善，但他事实上正忙于兼并战争，所以没有真正采纳他的建议，于是荀子又离开秦地。

公元前259至257年间，荀子曾在赵与临武君在赵孝成王前议兵，提出了

"善用兵者""在乎善附民"的主张，以"王兵"折服了临武君的"诈兵"，使赵孝成王和临武君都不得不称"善"（《荀子·议兵》）。但处于"争于气力"的当时，赵王"卒不能用"。于是他只好离开父母之邦而又回到齐国。

齐国这时的朝政由"君王后"（襄王后）控制。荀子向齐相进言，论述齐国内外大势，劝他"求仁厚明通之君子而托王焉与之参国政、正是非"，并对"女主乱之宫，诈臣乱之朝，贪吏乱之官"的弊政进行了批评。结果，正如《史记·孟子荀卿列传》所载："齐人或谗荀卿，荀卿乃适楚，而春申君以为兰陵令。"荀子直言进谏反而受到了谗言的攻击，因此他在齐国再也呆不下去了。于是他转而赴楚，正碰上楚灭鲁新得兰陵之地，因而被春申君任命为兰陵令。荀子在楚为兰陵令也不是一帆风顺的。他任职不久，就有人向春申君进谗，于是他只好离楚而回到赵国。在家邦，荀子这次得到了较高的礼遇，被任为"上卿"或"上客"。楚人听到后，就劝谏春申君，春申君又"使人请孙子于赵"。荀子致信辞谢，对楚政多所批评。春申君深为后悔，又一再坚请。可能是为春申君的诚意所动，荀子又回到楚国，复任兰陵令。

公元前238年，楚考烈王卒，李国伏死士杀春申君。荀子失去政治上的依靠，废官居家于兰陵——"著数万言而卒，因葬兰陵"，其寿可能高达百岁。

荀子的著作，见于《荀子》一书。《劝学》、《修身》、《不苟》、《非十二子》、《天论》、《正名》、《性恶》等22篇，都为荀子亲著。其他10篇，有的为荀子弟子所论，有的为荀子所纂辑的资料，它们都是我们研究荀子的思想和事迹的主要材料。

(1)性恶论

《荀子·性恶》中，荀子认为人性有

两部分：性和伪。性是人先天的动物本能，是恶；伪是人后天的礼乐教化，是善。性（动物本能）的实质是各种欲望，如果顺从性，人就会为满足欲望不择手段，导致道德沦丧、天下大乱。圣人知道性是恶的，所以创制礼义道德，"化性起伪"，用伪取代性，使人变善。

那么为什么要伪？善有什么用？《荀子·王制》中又说：论力气，人不如牛；论

速度，人不如马，然而人却驯化了牛马为
己所用，这是为什么？因为人能组成社
会，团结一致，而牛马等兽类不能。人为
什么能组成社会？因为人有道德（义），
有了道德，就能组成牢固的社会，使人的
力量大增，人类繁荣发展，幸福生活。道
德的作用就是维持社会内部秩序，构建
"和谐社会"。这就是伪的作用。伪（礼
义道德）能维持社会的正常秩序，保证人
类的生存。

（2）隆礼重法

荀子的"性恶"论为其"隆礼重法"主张提供了哲学论证。

荀子的政治思想是重视"礼"学的，这似乎是继承了孔子的思想传统。其实，荀子对孔子的"礼"学进行了历史的改造，他重新解释了"礼"的产生与社会功能。他提出："礼起于何也？"曰："人生而有欲，欲而不得，则不能无求，求而变量分界，则不能不争，争则乱，乱则穷。先王恶其乱也，故制礼义分之欲，以养人之欲，两者相持而长，是礼之所起也。"
（《礼论》）很明显，荀子把"礼"解释为
调解财产关系，调解社会关系的伦理范
畴和标准。这是一种新生活的思想，是在
酝酿一种新兴制度的诞生。荀子的"礼"
已经包含了"法"的思想，所以他的"法"
实际上也就是在封建社会中起不成文的
"法"的作用，这就是有了调和礼法的倾
向。他也曾明确说："礼者，法之大分，群
类之纲纪者也。"（《劝学》）因此他提出
的治国指导思想或治国的思想纲领便是：
"隆礼重法，则国有常，尚贤使能，则民
知方。"（《君道》）又说："君人者，隆礼
尊贤而立重法爱民而霸。"（《大略》）

　　当人们把儒学与秦代联系在一起
的时候，一般所想到的就是"焚书坑
儒"。秦代往往被看成儒学发展的灾难
性时刻。所谓："及至秦之季世，焚《诗》
《书》，坑术士，六艺从此缺焉。"（《史
记·儒林列传》）实际上，秦人对以儒家

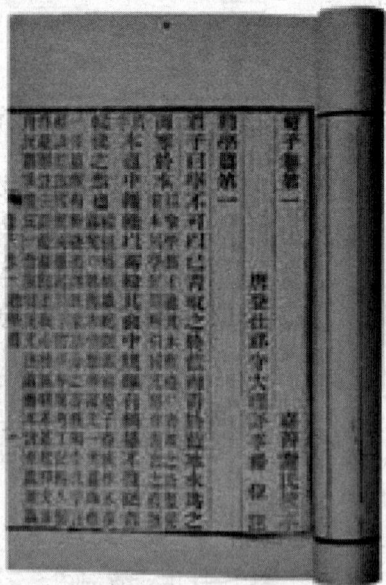

　　为代表的礼乐文化也是采取了吸收的态度,秦始皇本人对秦人低下的文化程度有着清醒的认识,所以他也试图加以改变。他在坑儒之后说"召文学方术之士甚众,欲以兴太平"。这并不是一句空话,他的确是有所作为的,而以儒学为代表的礼乐文化在秦代也有着巨大的发展,主要表现在博士官的设置和儒家经典的整理和传播等方面。秦代是汉代儒学转换的奠基、酝酿时期,是中国学术传流中极其重要的一环。

三、汉代儒家

（一）今文经学

1.学派简述

承秦制的汉王朝，以"除秦苛法"为号召收拢民心，从而为自己取得一个较为稳固的统治基础。与这种政治需要相适应，在思想方面，汉初统治集团便推崇黄老，以"无为"之道来折中法家的严酷。这时，儒学并未受统治者的真正重视。不过，儒学的处境，总比秦时有所改善，作

为一种学术得到了官方的庇护，少数传授儒学经籍的人还当上了朝廷的经学博士。几乎湮没的儒学，又逐渐复苏。后来在孔子故居又发现隐藏的一部分儒经，以孔子时代的蝌蚪文记载，刘歆做了整理，称古文经学。汉朝时，五经通过年迈儒者的口述得到复原，以汉隶书写，称今文经学。此派中最初传经的以齐地人居多，他们的传经之学便又叫"齐学"。这种"齐学"，受战国时齐人邹衍一派阴阳五行家的影响很深，所以他们传授的儒学中感染了阴阳五行的色彩，从而形成了一种神学化的儒学。其中，董仲舒作为今文经学的重要代表人物，是西汉儒学不容回避的标志性人物。

2.董仲舒及其主要思想

董仲舒（前179年—前104年），西汉时期著名的思想家，今文经学代表人物。汉武帝元光元年任江都易王刘非国相；元朔四年（前125），任胶西王刘端国相，

4年后辞职回家。此后，居家著书，朝廷每有大议，令使者及廷尉就其家而问之，仍受武帝尊重。

汉初以黄老"无为"思想补法家严苛峻急之弊，取得了经济发展的成绩，但也逐步酿成权力分散，诸侯专恣，威胁中央皇权的严重危机。贾谊、晁错诸人向皇帝出谋献策，力主"强干弱枝"，加强君主集权，削弱群藩——矛盾的发展，终于爆发了"七国之乱"，这一切都表明"无为而治"的政策已经需要改变。武帝时，汉王朝凭借经济上的雄厚条件，决定改行"有为而治"的政策，重新加强君主集权。继秦始皇之后，中国历史上又一次出现鼓吹极端君主专制的高潮。儒学适应这种变化，取代了黄老的地位，而被"独尊"；而倡导"独尊儒术"的第一人就是董仲舒，正所谓"天人三策称圣意，董生一举天下知"。

（1）天人感应，君权神授

天人关系说先秦时就有之，但董仲舒杂糅诸家，加以发展，吸收了阴阳五行学说和对自然现象的比附来详尽论证，将这个学说发展成为天人感应学说。董仲舒认为《春秋》一书记录了几百年的天象资料，所以后世灾异要以《春秋》为根据来解释。他通过援引阴阳五行学说解释《春秋》考察其中与天灾人事的联系，从而建立起"天人感应"学说。

董仲舒的"君权神授"思想以"天人感应"论为基础。董仲舒认为有"天命"、"天志"、"天意"存在，认为："天

者，万物之祖，万物非天不生。""唯天子受命于天，天下受命于天子。"（《春秋繁露·为人者天》）天是宇宙间的最高主宰，天有着绝对权威，人为天所造，人符天数，天人合一，于是天命在论证君主权威的重要性方面得到了空前提高。把君权建筑在天恩眷顾基础上，君权乃天所授。人君受命于天，奉天承运，进行统治，代表天的意志治理人世，一切臣民都应绝对服从君主，"屈民而伸君，屈君而伸天"(《春秋繁露·玉杯》),从而使君主的权威绝对神圣化。这有利于维护皇权,构建大一统的政治局面。

天人感应在肯定君权神授的同时,又以天象示警,异灾谴告来鞭策约束帝王的行为。认为:"国家将有失道之败,而天乃先出灾害以谴告之,不知自省,又出怪异以警惧之,尚不知变,而伤败乃至。"(《汉书·董仲舒传》)这就使得臣下有机会利用灾祥天变来规谏君主应法天之德行,实行仁政;君王应受上天约

束，不能为所欲为，这在君主专制时期无疑具有制约皇权的作用，有利于政治制约和平衡。

"天人感应"为历代王朝帝王所尊崇，影响深远。天人感应对皇帝的警策作用，据《汉书》、《后汉书》记载，汉宣帝、汉元帝、汉成帝、光武帝等几个皇帝，在出现日食、旱灾、蝗灾、洪灾、地震等灾异时，都下"罪己诏"。后世皇帝每逢灾荒年实行免租减赋、开仓赈灾等措施，无不深受"天人感应"思想的影响。

（2）罢黜百家，独尊儒术

一方面董仲舒通过君权神授论竭力为君权的合理性作出证明，树立君主的绝对权威，以此依托君权来确立儒家的正统地位。另一方面儒家又通过天人感应论，假上天之威，对皇帝言行提出要求，皇帝必须时刻注意天的喜怒哀乐，按上天的旨意来行事。而"天意"的解释权则牢牢被儒生抓在手中，这样就实现了

儒家对君权的限制和控制。儒家与权力
的结合使得儒家对整个社会的影响力和
对入仕者的吸引力大大增强。

在治国方面，董仲舒言道："天道之
大者在阴阳。阳为德，阴为刑；刑主杀而
德主生。是故阳常居大夏，而以生育养
长为事；阴常居大冬，而积于空虚不用
之处。以此见天之任德不任刑也。天道
有阴阳，人间有德刑。天以阳气为主，以
生养为德；人亦应以德政为生以生成为
意。……今废先王德教之官，而独任执法

之吏治民，毋乃任刑之意与。孔子曰：'不教而诛谓之虐。'虐政用于下，而欲德教之被四海，故难成也。"（《汉书·董仲舒传》）

因此他主张"德主刑辅、重德远刑"，并以春秋决狱，来匡正律令严峻的弊病。认为人君应当施仁政。董仲舒的德主要是指人伦纲常。孔孟认为人间有五伦，所谓君臣、父子、夫妇、兄弟和朋友。而董仲舒则择其要者改为"三纲"，君为臣纲、父为子纲、夫为妻纲。再将原先儒家主张的五种德性（仁、义、礼、智、信）合为"五常"。并认为三纲五常可求于天，不能改变。"三纲五常"历来被视为封建社会伦理秩序的根基。但是在同时又起到了制衡君主权力这样一个目的，"三纲"里的"父为子纲"，使得皇帝（天子）也要"事天以孝道"，皇帝也必须信奉天人感应，施行仁政。

　　董仲舒所提倡的"罢黜百家，独尊儒术"也不是单纯以尊儒为目的的，它的目的是树立一种国家唯一的统治思想，用思想上的统一来为政治上的大一统服务。他对汉武帝说过这样一段话："《春秋》大一统者，天地之常经，古今之通谊也。今师异道，人异论，百家殊方，指意不同，是以上亡以持一统，法制数变，下不知所守。臣愚以为诸不在六艺之科，孔子之道者，皆绝其道，勿使并进，邪辟之说灭息，然后统纪可一而法度可明，民知所从矣。"（《汉书·董仲舒传》）此外，在教育

思想上，董仲舒提倡建立太学，改革人才
选拔制度。为儒生进入政治权力机构，参
与权力运作，提供了便利条件，儒生逐渐
成为政治思想界的决定性力量，有力地
维护了儒家的独尊地位。

儒学在董仲舒之后赢得了"独尊"
的地位，但钱穆先生认为这种"独尊"无
论在政治主张上，还是在理论形态上，
都大大背离了孔子儒学的原貌。从董仲
舒起，以后的儒学政治学说，已经再也

不是孔子和孟子学说的原本状态了，而是采择和拼凑儒法两家政治观点的混合物。这是历史上儒法思想的第二次大交流。正是由于法家的政治主张已为儒学所融汇，所以从董仲舒以后，法家就再也没有作为一个与儒家相对立的独立的学派在历史舞台上出现过。董仲舒对这套政治主张的理论表述，是采取宗教化的神学形态，谶纬迷信之风到西汉末年便盛行起来。东汉章帝时召开的"白虎观会议"，名义上是为了"讲议《五经》异同",事实上则是借皇帝的威势,用图谶纬书来妄断经义。官方儒学至此完全丧失了理论上和学术上的价值,堕落成专言灾异祥瑞的宗教巫术。

(二)古文经学

东汉末古文经学盛行,陆续出现过马融、郑玄等名家。他们力图调和古今文之争,建立统一的经学,在经学训诂上颇有成就,在理论上却无所建树,更谈不上结束神学化儒学的统治了。

东汉末年爆发了黄巾大起义。起义的农民以道教的口号动员和组织群众，并以此与官方的神学化儒学相抗衡，起义虽归失败，但东汉王朝却在起义的烈火中被埋葬，儒学的尊严也扫地以尽。拥兵割据的军阀们，转向探求如何富强的法术。同时，被披上道教外衣的老、庄思想，也重新活跃起来，从而一步步演化出魏晋间玄学风靡一时的新局面。何晏、王弼等以老子哲学解《易》，援道入儒；嵇康，阮籍则公然师法老、庄，反对礼义。在"名教"与"自然"这种似乎纯哲理的争论后面，隐藏着地主阶级不同阶层、不同集团间利益上的冲突。从传统思想的消长盛衰上看，老、庄思想昌盛了，儒学沉寂下去了，儒、道交流结合而成的玄学，已经没有多少儒学的真实内容。这是汉代儒学独尊局面的否定。不过，它也透露出一种趋势：儒道的合流是不可避免的，用老庄的思辨哲学来补充、解释、阐

发儒学的政治观和伦理观，恰是统治思想解脱危机的一条出路。

佛教自东汉时传入中国，到南北朝时期空前兴盛，与儒、道鼎足而立。儒学又添了一个强大的外来竞争对手。儒、佛、道之间经过长时期的反复较量，互相排斥又互相吸取。一度形成"三教合一"的局面。但那只是反映出统治者的一种愿望，并没有真正做到理论上的融合。唐初，太宗命孔颖达修《五经正义》、颜师古考定《五经》文字，没有突破汉末古文

经学训诂的窠臼。不过，在唐代这个中国封建文化的鼎盛时期，儒、佛、道之间具备了一个充分交流思想的好条件。盛唐时，儒生讲习佛、老哲理，已成风尚。僧人而通儒学的，也多起来。这种儒、佛、道融合的新场面，恰恰在韩愈为主要代表的保卫"道统"、排斥佛教的运动中，奇异地拉开了序幕。柳宗元直接主张儒、佛、道的合一，韩愈却以"纯正不二"的儒学道统继承者的面目奠定了自己在儒学历史上的地位。

四、宋明儒家

（一）程朱理学

1.学派简述

程朱理学亦称程朱道学，是宋明理学的主要派别之一，也是理学各派中对后世影响最大的学派之一，由北宋二程（程颢、程颐）兄弟创立。二程曾同学于北宋理学开山大师周敦颐，著作被后人合编为《河南程氏遗书》。他们把"理"或"天理"视作哲学的最高范畴，认为理无所不在，不生不灭，不仅是世界的本源，也是社会生活的最高准则。在穷理方法上，程颢"主静"，强调"正心诚意"；程颐"主敬"，强调"格物致知"。在人性论上，二程主张"去人欲，存天理"，并深入阐释这一观点使之更加系统化。二程学说的出现，标志着宋代理学思想体系的正式形成。

二程的思想经过弟子杨时，再传罗从彦，三传李侗的传承，到南宋朱熹完成，由于朱熹是这一派的最大代表，故又

简称为朱子理学。朱熹继承和发展了二程思想，建立了一个完整而精致的客观唯心主义的思想体系。他认为，太极是宇宙的根本和本体，太极本身包含了理与气，理在先，气在后。太极之理是一切理的综合，它至善至美，超越时空，是"万善"的道德标准。在人性论上，朱熹认为人有"天命之性"和"气质之性"，前者源于太极之理，是绝对的善；后者则有清浊之分，善恶之别。人们应该通过"居敬"、"穷理"来变化气质。朱熹还把理推及人类社会历史，认为"三纲五常"都是理的"流行"，人们应当"去人欲，存天理"，自觉遵守三纲五常的封建道德规范。朱熹学说的出现，标志着理学发展到了成熟的阶段。

宋元明清时期，历代统治者多将二程和朱熹的理学思想扶为官方统治思想，程朱理学也因此成为人们日常言行的是非标准和识理践履的主要内容。在南宋以后六百多年的历史进程中，程朱理学在促进人们的理论思维、教育人们知书识理、陶冶人们的情操、维护社会稳定、推动历史进步等方面，发挥了积极的作用。同时，它对中国封建社会后期的历史和文化发展，也有巨大的负面影响。不少人把程朱理学视为猎取功名的敲门砖，他们死抱一字一义的说教，致使理学发展越来越脱离实际，成为于世无补的空言，成为束缚人们手脚的教条。元明清

时期，科举考试都以朱熹的理学内容为考试题目，对思想产生了很大的影响。清代中期，戴震批判朱熹理学"酷吏以法杀人，后儒以理杀人"。

程朱理学是儒学发展的重要阶段，适应了封建社会从前期向后期发展的转变，封建专制主义进一步增强的需要，他们以儒学为宗，吸收佛、道，将天理、仁政、人伦、人欲内在统一起来，使儒学走向政治哲学化，为封建等级特权的统治提供了更为精细的理论指导，适应了增

强思想上专制的需要，深得统治者的欢心，成为南宋之后的官学。故如对宋明理学的概念不做特别规定的话，在通常的意义上便是指程朱一派的理学。

2.朱熹及其主要思想

朱熹（1130—1200年），字元晦，一字仲晦，号晦庵、晦翁、考亭先生、云谷老人、沧州病叟、逆翁，南宋江南东路徽州府婺源县（今江西省婺源）人。南宋著名的理学家、思想家、哲学家、教育家、诗人、闽学派的代表人物，世称朱子，是

孔子、孟子以来最杰出的弘扬儒学的大师。

朱熹出生于南宋高宗建炎四年，14岁时，遵父遗命，师事刘子翚等人，随母迁居建阳崇安县。十九岁时，以建阳籍参加乡试、贡试，荣登进士榜。历仕高宗、孝宗、光宗、宁宗四朝，曾任知南康，提典江西刑狱公事、秘阁修撰等职。为政期间，申敕令，惩奸吏，治绩显赫。31岁时，朱熹正式拜程颐的三传弟子李侗为师，专心儒学。朱熹在"白鹿国学"的基础上，建立白鹿洞书院，订立《学规》，讲学授徒，宣扬道学。在潭州修复岳麓书院，讲学以穷理致知、反躬践实以及居敬为主旨。他继承二程，又独立发挥，形成了自己的体系。朱熹在从事教育期间，对于经学、史学、文学、佛学、道教以及自然科学，都有所涉及或有著述，著作广博宏富。庆元三年，韩侂胄擅权，排斥赵汝愚，朱熹也被革职回家，庆元六年病逝。

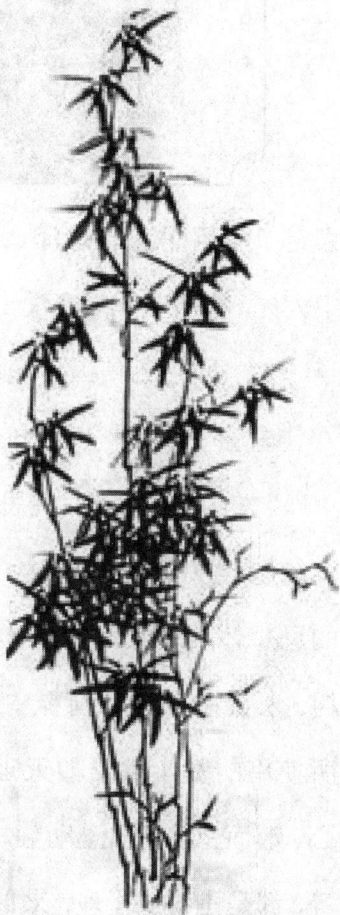

嘉定二年诏赐遗表恩泽,谥曰"文",赠中大夫,特赠宝谟阁直学士。理宗宝庆三年,赠太师,追封信国公,改徽国公。

朱熹是中国文化史上的巨人,是"理"学的集大成者,其思想被视为儒家正统,支配中国思想界达六百年之久。他的思想体系庞大,对多个学科都有所建树。朱熹在探究和阐释中国传统哲学时所使用的基本术语如天理人欲、道心人心、形而上形而下、动静、道器、性情等等,都是围绕着"理"来展开的。他的思想缜密严谨,"理"的本体性贯穿一切。

朱熹在追求"天理"的同时,把"人欲"看成是求"天理"道路上的最大障碍。于是,朱熹提出"灭人欲"的思想主张,并把它看作"成圣"的必要途径。

(1)天理论

朱熹继承了二程的理本论思想,以"理"为其最高范畴,通过对"理"与"气"关系的研究和展开,建立起自身庞大而成熟的哲学体系。他的天理论,则是这一哲学体系的理论基石。

他首先说明理与天下万物的关系,提出了理在事上、理在事中的观点。他说:"理也者,形而上之道也。"(《朱文公文集·卷五十八》)认为日月星辰,山川草木,人物禽兽,皆为形而下之器。同时,这形而下之器之中,便各自有个道理,此便是形而上之道。在他看来,理是抽象的普遍原则,并且理具有"无情意、无计度、无造作"(《朱子语类·卷一百二十六》)的超意志特征,和"无所

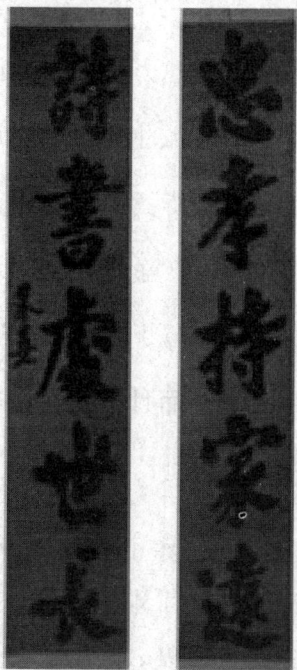

适而不在"(《朱子语类·卷七十》)的超时空特征;普遍之理又存在于具体事物之中,天下没有理外之物,如他举例说,阶砖有阶砖之理,竹椅有竹椅之理。形而上的理,何以在事物之上之先?朱熹从理为本体角度回答了这一问题。他说:"若在理上看,则虽未有物而已有物之理。然亦但有其理而已,未尝实有是物也。"(《朱文公文集·卷四十》)这即是说,在世界本原的理那里,其本然状态便内含了物之理,它存在于天地万物之先,而万物则是理之后由理所派生形成。他进而说:"未有天地之先,毕竟也只是理。万一山河大地都陷了,毕竟理却只在这里。"(《朱子语类·卷一》)他强调在万物生成之前,理已存在,而且不依具体事物的转化灭亡为转移,理具有永恒独立的普遍性质。

朱熹从他的理气关系理论出发,提出"理"决定"气",理气结合构成天下万物。何谓理气？他说："理也者，形而上之道也，生物之本也。气也者，形而下之器也，生物之具也。是以人物之先，必禀此理然后有性，必禀此气然后有形。"（《朱文公文集·卷五十八》）这就是说，理与气两大因素，是道器对置关系，任何器物都离不开二者。"理"是产生万物的本质根据，气是构成万物的物质材料，观念性本体的理与物质材料的气彼此结合，便形成了天地万物。这里，朱熹把张载视作世界本原的"气"，作为第二性的亚层次，与二程视作宇宙总则的"理"，联结为一

个不可分割的统一体。在理气统一体内，"理"是第一性的，是道是本；"气"是第二性的，是器是用。他以此克服张载重气轻理、二程重理轻气的各执一偏的片面性，形成自己的理气说。

朱熹天理论，是天人合一于"理"的学说。"理"，既指万物的所以然规律，又指孝亲事兄所当然的道德原则。他说："天下之物，则必各有所以然之故与所当然之则，所谓理也。"（《大学或问·卷一》）他认为，宇宙规律与社会道德，二者由天理所赋予，存在所当然的现实指令和所以然的本质规律。如讲孝亲事兄是当然之则，究其孝与事的原因，则是属所以然的规律。朱熹无意构造自然哲学的纯理论，他所主张的是以天理的所以然规律，论证说明其所当然的道德律令。他说："君臣父子夫妇长幼朋友之常，是皆必有当然之则而不容已，所谓理也。又说："理则为仁义礼智。"（《大学或问》）

可见，朱熹的"理"本体是直接投射和服务于现实社会生活的，是为维护基本的封建制度，为在封建秩序下处理人世五伦关系而规定的现实道德指令。

(2) 人欲论

朱熹认为："人物之生，必禀此理，然后有性；必禀此气，然后有形。"(《答黄道夫》)也就是说，人的本性从"理"来，人的形体从"气"来，这是承接了张载的学说进而扩充了自己的关于"人性的理论"，他认为："天之生此人，无不与之以

仁义礼智之理，亦何尝人不善？但欲生此物，必须有气，然后此物有以聚而成质；而气之为物，有清明昏浊之不同，禀其清明之气，而无物欲之累，则为圣；禀其清明而无纯全，则未免微有物欲之累，而能克以去之，则为贤；禀其昏浊之气，又为物欲之所蔽而不能去，则为愚，为不肖。是皆气禀物欲之所为，而性之善未尝不同也。"(《玉山讲义》)

由此可以看出，朱熹认为人所禀受的气有清浊之分，"天命之性"的气是禀清的，因而是善的，所以他认为"天命之性"就是"天理"，是无有不善的；而"气质之性"的气有清有浊，因而是善恶相混的，所以他认为"气质之性"是受到外界的物欲的诱惑和牵累，是产生"欲"的根源，是有善有恶的。《尚书·大禹谟》云："人心唯危，道心唯微，唯精唯一，允执厥中。"意思是："人心"是人对声色名利的欲望追求而产生贪嗔痴爱的不良念头，使人人自危而贪图安逸；"道心"是正大之心天地自然之心，儒家称之为良知、良能、止于至善之心。"唯精唯一"就是要集中精神，以审慎细致的思维，回归先天道心之一性，才能"允执厥中"，使言行符合不偏不倚的中正之道。所以，朱熹把"天命之性"看成是"道心"，把"气质之性"看成是"人心"，朱熹要使"人心"回归"道心"，克服不善的思想和行为，就

要克服"气质之性"所带来的物欲，所以"人之一心，天理存，则人欲亡；人欲胜，则天理灭。"（《朱子语类·卷十三》）"学者须是革尽人欲，复尽天理，方始是学。"（《朱子语类·卷十三》）有人问朱熹："饮食之间，孰为天理，孰为人欲？"他回答说："饮食者，天理也；要求美味，人欲也。"（《朱子语类·卷十三》）在朱熹看来，人们对美味的需求也是"人欲"的表现，因而要抛弃。可是人类社会的发展演变，正是建立在人们欲望的不断呈现和满足的基础上的。没有"人欲"，也就很难有社会的进步。无论如何，"人欲"的消极意义也是显而易见的，人们的争夺厮杀以及相互欺诈，都往往和"人欲"的膨胀息息相关。

在程朱理学发展的同时，还兴起一个强调"以利和义"，反对义利对立的儒家学派，称为事功学派，不过没有成为主流。事功学派源于王安石"为天下国家之用"的实用思想，包括以叶适为代表的永嘉学派和以陈亮为代表的永康学派，与理学相抗衡并在乾道、淳熙间形成鼎盛之势。他们认为理学家空谈"性与天命"，对其"静坐"、"存养"功夫尤为不满。倡言功利，赞许"三舍法"，主张习百家之学、考订历代典章名物，以培养对社会有实际作为的人才。其学说开启了明末清初颜元、黄宗羲、王夫之等的启蒙教育思想。

（二）陆王心学

1.学派简述

宋明时期以陆九渊、王守仁为代表的唯心主义哲学流派。南宋时，陆九渊倡言心即理，针对朱熹等人的"理"在人心之外、"即物"才可"穷理"的理论，提出"发明本心"、"收其放心"的"简易"、"直捷"主张。他还同朱熹辩论过"无极"、"太极"等问题，成为与朱熹一派理学相持对立的一家，被称为"心学"。

　　这里还有一个著名的"鹅城之会"
的故事。宋淳熙二年六月，朱熹曾与陆九
渊在信州鹅湖寺相聚，就两学派之间的
哲学分歧展开辩论。在认识论的问题上，
朱熹强调"格物致知"，认为格物就是穷
尽事物之理，致知就是推致其知以至其
极。并认为，"致知格物只是一事"，是
认识的两个方面。主张多读书，多观察事
物，根据经验，加以分析、综合与归纳，
然后得出结论。陆氏兄弟则从"心即理"
出发，认为格物就是体认本心。主张"发

明本心"，心明则万事万物的道理自然贯通，不必多读书，也不必忙于考察外界事物，去此心之蔽，就可以通晓事理，所以尊德性，养心神是最重要的，反对多做读书穷理之工夫，以为读书不是成为至贤的必由之路。会上，双方各执己见，互不相让。此次"鹅湖之会"，双方争议了三天，陆氏兄弟略占上风，但最终结果却是不欢而散。

由此可见，陆九渊与程朱理学不同，另有一套"明心见性"、"心即是理"的哲

学观点，经明朝王阳明又发展为心学。

陆九渊弟子很多，著名的有杨简、袁燮
等人，杨简将"心即理"进一步发展成为
"万物唯我"的唯我主义。宋代以后，由
于程朱理学成为官方统治思想，陆学影
响不如朱学大。

2.王守仁及其主要思想

王守仁（1472—1529年），字伯安，别
号阳明，生于明宪宗成化八年，汉族，浙
江余姚人，因被贬贵州时曾于阳明洞（今
贵阳市修文县）学习，世称阳明先生、王

阳明是我国明代著名的文学家、哲学家、思想家、政治家和军事家,是二程、朱、陆后的另一位大儒,"心学"流派的重要代表人物。

相传,守仁娠十四月而生。祖母梦神人自云中送儿下,因名云。五岁不能言,异人拊之,更名守仁,乃言。年十五,访客居庸、山海关,纵观山川形胜。弱冠举乡试,学大进。顾益好言兵,且善射。登弘治十二年进士。第二年,授刑部云南清吏司主事,后改兵部主事。弘治十八年,先生"专志授徒讲学",和湛甘泉结交,"共以倡明圣学为事"。正德元年,一度被权宦刘瑾排挤,谪贵州龙场驿驿丞。历任江西吉安府庐陵县知县、南京太仆寺少卿及都察院左金都御史,巡抚南赣,平定漳州詹师富、大帽山卢珂、大庾陈日龙、横水谢志珊、桶冈蓝天凤,浰头池仲容等匪徒暴乱。后因宦官许泰、张忠谗言,非但无功,反遭诬获咎,太监张永设法得以

免祸，即称病居西湖净慈寺、九华山诸寺院。正德十六年初，始于南昌揭示"致良知"学说，终完成"心学"体系。六月升南京兵部尚书，九月归姚，会七十四弟子于龙泉山中山阁，指示"良知"之说。嘉靖六年，卒于江西南安青龙浦舟中，享年56岁，著有《王文成公全书》、《阳明全书》行世。

王守仁集心学之大成，在继承思孟学派的"尽心"、"良知"和陆九渊的"心即理"等学说的基础上，批判地吸收了朱熹那种超感性的先验范畴的"理"为本体学说，创立了王学，或称阳明心学。王守仁的心学体系，主要包括"心即理"、"知行合一"以及"致良知"三个命题。

(1) 心即理

"心即理"是王守仁心学体系的基础。他对"心"的界说是："身之主宰便是合，心之所发便是意，意之本体便是知，意之所在便是物。"（《传习录》）"耳目

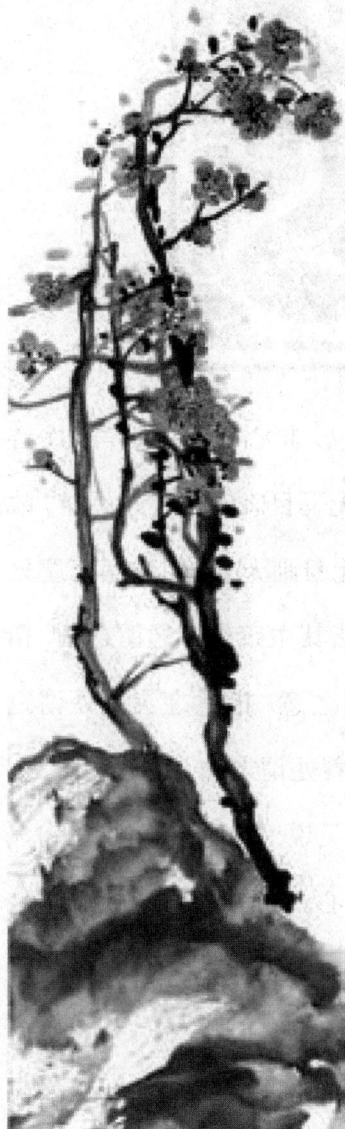

口鼻四肢，身也，非心安能视听言动？心
欲视听言动，无耳目口鼻四肢亦不能。故
无心则无身，无身则无心。但指其充塞处
言之谓之身，指其主宰处言之谓之心，指
心之发动处谓之意，指意之灵明处谓之
知，指意之涉着处谓之物，只是一件。"
（《传习录》）又说："心不是一块血肉，
凡知觉处便是心。如耳目之知视听，手足
之知痛痒，此知觉便是心也。"（《传习
录》）其说与程朱不同，心不只是一块血
肉，而是身之主宰，是知觉（思维）的器

官，是精神的实体。至于心与理的关系，王守仁也与程朱不一样，不是析而为二，而是合而为一的。他说："夫求理于事事物物者，如求孝之理于其亲之谓也；求孝之理其于其亲，则孝之理果在于吾之心邪？抑果在于亲之身邪？假而果在于亲之身，则亲没之后，吾心遂无孝之理欤？见孺子之入井，必有恻隐之理。是恻隐之理果在于孺子之身欤？抑在于吾心之良知欤？其或不可以从之于井欤？其或可以手而援之欤？是皆所谓理也。是果在于

孺子之身欤？抑果出于吾心之良知欤？以是例之，万事万物之理莫不皆然，是可以知析心与理为二之非矣。"（《传习录》）

从"心即理"的命题出发，王守仁进一步论证了心外无理、心外无事。他说："气合即理也。天下又有心外之事，心外之理乎？""意在于事亲，即事亲便是一物，意在于事君，即事君便是一物，意在于仁民、爱物，即仁民、爱物便是一物，意在于视听言动，即视听言动便是一物。所以某说无心外之理，无心外之物。"（《传习录》）甚至说："人者，天地万物之心也，心者，天地万物之主也。心即天，言心则天地万物皆举之矣。"（《阳明全书·答季德明》）

王守仁的"心即理"说，发展了陆九渊的"宇宙便是吾心，吾心即是宇宙"的思想，使之更富于主观色彩。《传习录》载："先生游南镇，一友指岩中花树问曰：'天下无心外之物。如此花树，在深山中自开自落，于我心亦何相关？'先生曰：

'你未看此花时，此花与汝心同归于寂；你来看此花时，则此花颜色一时明白起来，便知此花不在你的心外。'"这就把主观能动作用夸大到了荒谬的程度，用主观吞没了客观。不过，"心即理"的命题也有其合理的因素，它弥补了程朱"性即理"在理论上的疏漏；强调了人的主观能动作用；"无心则无身，无身则无心"，探讨了思维与感觉的关系，虽然他没有得出正确的结论，但仍然是有意义的；把全部问题放在身、心、意、知这种不能脱离血肉之躯的主体精神上，从而发展为王畿的"任心之自然"和王艮的"乐是心之本体"，乃是逻辑的必然。于是，王学的末流便逐渐成了理学的"异端"。

(2) 知行合一

王守仁的"知行合一"命题是针对当时的社会弊病而下的"药"。他说："今人却将知行分作两件去做，以为必先知了，然后能行，我如今且去讲习讨论做知的工夫，待知得真了，方去做行的工夫，故遂终身不行，亦遂终身不知。此不是小病痛，其来已非一日矣。某今说个知行合一，正是对病的药，又不是某凿空杜撰，知行本体原是如此。"(《传习录》)由于世人把知行分作两件，所以不仅不在行上下工夫，而且对知也忽略了。王守仁说："今人学何，只因知行分作两件，故有一念发动，虽是不善，然却未曾行，便不去禁止。我今说个'知行合一'，正要人

晓得一念发动处，便即是行了；发动处有不善，就将这不善的念克倒了，须要彻根彻底不使那一念不善潜伏在胸中。此是我立言宗旨。"（《传习录》）知与行是辩证的关系，将其割裂为二固然不对，但用知代替行，吞并行同样是错误的。不过，我们应当看到，王守仁极大地强调了主体实践的能动性；反对追求纯客观认识的知，反对脱离行的知，因而使得他的后学日益摒弃程朱"敬义挟持"的修养工夫，而对现实采取积极的干预态度。

知、行本来是两个不同的概念，王守仁却用"知行本体原来如此"，实即"心之本体"把两者"合一"了。他说："某尝说知是行的主意，行是知的工夫，知是行之始，行是知之成。若会得时，只说一个知已自有行在，只说一个行已自有知在。"（《传习录》）又说："知之真切笃实处即是行，行之明觉精察处即是知，知行工夫本不可离，只为后世学者分作两截用功，

失却知、行本体，故有合一并进之说，真知即所以为行，不行不足谓之知。"（《传习录》）他还举《大学》之"如好好色，如恶恶臭"来论证见好色时已自好了，闻恶臭时已自恶了，这就是知行的本体。

（3）致良知

"致良知"是王守仁心学思想体系的核心。他说他生平讲学，只是"致良知三字。良知之外，别无知矣。故'致良知'是圣人教人第一义"（《传习录》）。"良

知"就是"天理","致良知"就是克制私欲,恢复心体无善无恶之本来面目,即"存天理,去人欲"。

"良知"是人心所固有的善性,如见父自然知孝,见兄自然知弟,见孺子入井自然知恻隐,是不假外求的。而且,自古至今,无论圣愚,都是相同的。认为"是非之心,不虑而知,不学而能"的"良知"是人心固有的,自然是唯心论先验论,但认为"良知"是无论圣愚皆同的,这就无异于否定了贤愚不肖的区别,承认人人都可成为圣人。这在当时是有十分重要意义的。

"良知"既然是人心固有的善性，则人人都应该是善的。但现实并非如此。王守仁解释说，这是由于除圣人之外，一般人容易受物欲之蔽所致。因此，"须学以去其昏蔽"，即须加一番"省察克治"、"致知格物"的工夫。这似乎又回到了程朱"居敬穷理"的老路，其实不然。王守仁反对程朱的"格物致知"，反对"即物穷理"，主张在心上用工夫。他说："若鄙人所谓'致知格物'者，致吾心之良知于事事物物也。吾心之良知，即所谓'天理'护也。'致吾心良知之'天理'，于事事物物，则事事物物皆得其理矣。致吾心之良知者，致知也。事事物物皆得其理者，格物也。是合心与理而为一者也。"（《传习录》）他主张不论有事还是无事，都要一心在"天理"上用功，所以"居敬"就是"穷理"。他说："就穷理专一处说，便谓

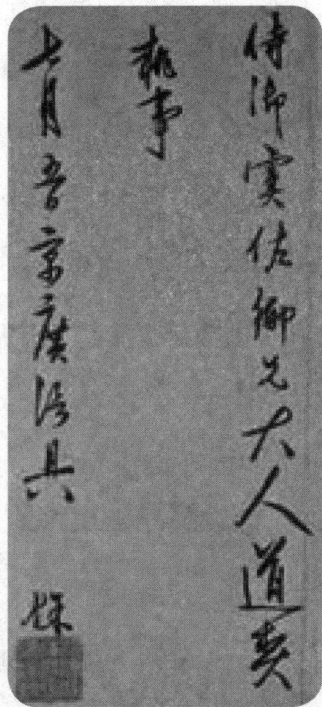

之居敬，就居敬精密处说，便谓之穷理，
却不是居敬时别有个心穷理，穷理时别
有个心居敬。名虽不同，工夫只是一事。"
（《传习录》）这种一心只在"天理"上用
功的修养方法，王守仁认为是"真切简
易"，"虽至愚下品，一提便省觉"的救世
良方。他说："世之君子唯务致其良知，则
自能公是非，同好恶，视人犹己，视国犹
家，而以天地万物为一体，求天下无治，
不可得矣。"（《传习录》）刘宗周也认
为，以"致良知""救学者支离眩骛、务华
而绝根之病，可谓震霆启寐，烈耀破迷，

自孔孟以来，未有若此之深切著明者也"（《明儒学案·师说》）。

王守仁是陆九渊以后影响最大的主观唯心主义哲学家。明代后期，王学大盛，出现了众多流派，其中以王艮为代表的泰州学派和李贽等人影响较大。泰州学派内部各人思想不尽相同，但有个共同的趋势，就是强调儒家的"圣"、"贤"是人人可成的，即便是"农工商贾"也可以成圣成贤，声称"人人天地性，个个圣贤心"。李贽还提出"是非无定质"，反对封建专制主义的思想禁锢。明亡之后，以阳明学大儒黄宗羲为代表的一些儒家学者对历史进行了反思，认为"为天下之大害者，君而已矣"。尽管王守仁的心学思想体系存在某些缺陷，但这并不影响他在中国儒学史和思想史上的地位，也决不会减弱他对当时以及后世的巨大影响。

五、儒学近代以来的发展及展望

清代儒学是中国传统儒学发展的重要历史阶段，它上起自"天崩地解"的明清之交，下至于帝制覆灭的辛亥革命。在其近三百年的历史演变过程中，清代儒学不仅形成了独具特色的学术思想特点，而且推动了中国古代传统儒学的更新递进。这一时期儒学发展独具特色的是，以黄宗羲、顾炎武、王夫之等为代表的早期启蒙思想。

自第一次鸦片战争以后，由于外国资本主义的刺激，中国社会开始向近代转化。随着中国封建制度的开始解体，儒学也走向了衰落。然而，传统儒学能否向近代转化？此时，康有为力图使儒学完成近代化的历史性转变，并且希望按照西方基督教的模式变儒学为宗教。戊戌变法失败后，康有为并未因此放弃儒学宗教化的努力，直至民国初年，他还发起成立孔教会，并要求国会定孔教为国教，而这一切又随着帝制复辟失败而告终。

20世纪20年代以后，由于清王朝已被推翻，封建专制政治制度从名义上讲也不复存在。因此，除了一小部分当权者继续企图把儒学与社会政治制度联系在一起外，更多的人则是把儒学作为传统思想文化遗产，做学理方面的研究。这些人所关心的是，在西方文化冲击下如何汇通儒学与西方文化，如何继承和发扬儒学的优秀传统，以保持民族的自主精神等问题。这时涌现出了一批关心儒学命运和前途的学者，如梁漱溟、熊十力、马一浮、钱穆、冯友兰、贺麟等，他们都在汇通中西方文化的前提下，来解释儒学，发展儒学，乃至建立起某种新的儒学体系。而他们的共同愿望，也可以说都包含通过对儒学的现代阐释，发扬民族传统文化，使其在当代人的思想道德修养和民族主体意识的确立方面，发挥积极的作用。贺麟在40年代一篇题为《儒家思

想的新开展》的文章中，提出了"建设新儒家"和"儒家思想新开展"的口号，并且认为："一如印度文化的输入，在历史上曾展开了一个新儒家运动一样，西洋文化的输入，无疑亦将大大地促进儒家思想的新开展。西洋文化的输入，给了儒家思想一个考验，一个生死存亡的大考验、大关头。假如儒家思想能够把握、吸收、融会、转化西洋文化，以充实自身、发展自身，儒家思想则生存、复活而有新的发展。"（《文化与人生》）这是说，传统儒学只要善于把握、吸收、融会、转化西方文化中的精华，是可以得到新发展的。事实上，这一时期发展起来的新儒学体系，大都具有这方面的特点。如冯友兰的"新理学"体系，就是在吸收、融会近代新实在论理论和逻辑方法等基础上对宋明程朱理学的发展。贺麟的"新心学"体系，则是在吸收、融会近代西方新黑格尔主义基础上对宋明陆王心学的发展。至于熊十力，从《新唯识论》文言本、白话本，一直到《原儒》、《乾坤衍》，他所构筑的哲学体系，似应当称之为"新易学"体系最为恰当。他在这个体系中，不仅汇通了中国传统文化中的儒、释、道、玄的思想、方法，而且也广采博纳近代西方新康德主义、柏格森主义等理论内容，对于以"易"为中心的儒学理论做出了积极的发展。

从20年代至40年代末（乃至50年代初），是现代新儒学发展活跃、丰富、有理论深度和价值的时期。他们所取得的成就和尚存在的问题，都值得我们认真地加以研究和总结。现代儒学发展的理论深度和体系影响很值得研究。

儒学作为中国两千余年来流传不息的文化主体之一，具有丰富和深邃的思想理论，而且对东亚各国有着广泛的影响，甚至也是东亚一些国家，如朝鲜、韩国、日本、越南等国历史文化中的一个重要组成部分。它必将随着中国和东亚地

区的振兴，越来越被这一地区的国家和人民所自觉重视。同时，儒学作为东方文化的主要代表之一，它与西方文化的互补性，也正在越来越为世界有识之士所瞩目。作为官方意识形态的儒学，早已随着清王朝的灭亡而不复存在了。但是，儒学作为一个学派肯定还将存在下去。古老的儒学能否转变为适应现代社会生活的新的思想学说，又如何实现转变和复兴，这不仅需要时间，更有待于后儒的探索和创造。